I CAN PRAY TOO!

KIDS BOOK OF PRAYERS

Doris D. Harris

I CAN PRAY TOO!

Copyright © 2018 by Doris D. Harris

ISBN: 978-1-7327674-6-1

Printed in USA by Vision to Fruition Publishing

DEDICATION

THIS BOOK IS DEDICATED TO MY GRANDCHILDREN.

I LOVE YOU SO MUCH!

THIS BOOK WAS WRITTEN FOR YOU.

IT'S A GUIDE TO HELP YOU LEARN TO PRAY AND TALK
TO JESUS EVERYDAY AND WHEN YOU GROW UP, I PRAY
PRAYER WILL HAVE BECOME A PART OF WHO YOU ARE.

LOVE, "SHUGA"

TABLE OF CONTENTS

JESUS LOVES ME THIS I KNOW FOR THE BIBLE TELLS ME SO!

JESUS LOVES ME THIS I KNOW FOR THE BIBLE TELLS ME SO!

DAILY

THANK YOU JESUS

I AM LOVED

I AM GOOD

I AM NICE

I AM SMART

I AM ABLE TO LEARN

I AM NOT A TROUBLE MAKER

I AM A GOOD FRIEND

I AM NOT A BULLY

I AM FOLLOWING THE RULES

I AM WHO GOD SAYS I AM

JESUS LOVES ME THIS I KNOW FOR THE BIBLE TELLS ME SO!

MORNING

THANK YOU JESUS FOR WAKING ME UP TODAY

GOOD MORNING JESUS

I LOVE YOU

YOU ARE SO GOOD

TODAY I WILL HAVE A GOOD DAY

HELP ME TO FOLLOW THE RULES AND FOLLOW

DIRECTIONS

HELP ME TO   BE NICE AND NOT MEAN

HELP ME TO MAKE GOOD CHOICES

KEEP ME SAFE TODAY

IN JESUS NAME AMEN!

JESUS LOVES ME THIS I KNOW FOR THE BIBLE TELLS ME SO!

NIGHT

THANK YOU JESUS FOR THIS DAY

I LOVE YOU JESUS

THANK YOU TODAY WAS A GOOD DAY

I CONFESS MY SINS

PLEASE FORIVE ME FOR ANYTHING I DID WRONG

TODAY

IM SORRY

LET ME GET ENOUGH REST TONIGHT

GIVE ME ENERGY TO GET UP IN THE MORNING

I PRAY I HAVE GOOD DREAMS TONIGHT

WATCH OVER MY FRIENDS AND THEIR FAMILY

KEEP ME AND MY FAMILY SAFE TONIGHT

THANK YOU JESUS!

IN JESUS NAME AMEN!

JESUS LOVES ME THIS I KNOW FOR THE BIBLE TELLS ME SO!

SUNDAY

THANK YOU JESUS FOR DYING ON THE CROSS FOR ME

THANK YOU FOR LOVING ME

THANK YOU THAT YOU FORIVE ME

THANK YOU JESUS FOR

THE TREES, THE BIRDS, THE SUN, THE MOON AND THE STARS

WHEN IM MAD HELP ME NOT TO BE MEAN

HELP ME TO SAY SORRY TO OTHERS

TEACH ME HOW TO BE LIKE YOU

THANK YOU JESUS

IN JESUS NAME AMEN!

JESUS LOVES ME THIS I KNOW FOR THE BIBLE TELLS ME SO!

MONDAY

THANK YOU JESUS FOR ME

YOU MADE ME EXACTLY
WHO I AM
HELP ME TO LOVE MYSELF
HELP ME TO LOVE THE WAY
YOU MADE ME
HELP ME NOT TO COMPARE
MYSELF TO OTHERS
HELP ME TO LOVE THE
PERSON I SEE IN THE
MIRROR
HELP ME TO REMEMBER
YOU LOVE ME
THANK YOU JESUS
IN JESUS NAME AMEN!

JESUS LOVES ME THIS I KNOW FOR THE BIBLE TELLS ME SO!

TUESDAY

THANK YOU JESUS I HAVE CLOTHES TO WEAR AND FOOD TO EAT

HELP ME TO KEEP MY ROOM CLEAN
HELP ME TO DO CHORES WITH A GOOD ATTITUDE
HELP ME TO REMEMBER TO PUT MY TOYS AWAY
HELP ME TO BE THANKFUL FOR THE CLOTHES I HAVE
HELP ME TO BE THANKFUL FOR THE TOYS I HAVE
THANK YOU JESUS
IN JESUS NAME AMEN!

JESUS LOVES ME THIS I KNOW FOR THE BIBLE TELLS ME SO!

WEDNESDAY

THANK YOU JESUS I CAN GO TO SCHOOL
HELP ME TO LEARN
HELP ME NOT BE AFRAID TO ASK FOR HELP
HELP ME LISTEN TO MY TEACHER
HELP ME TO LISTEN AND FOLLOW THE RULES AT
SCHOOL
HELP ME GET MY WORK DONE
HELP ME TO WORK HARD AND REMEMBER I CAN DO IT
THANK YOU JESUS
IN JESUS NAME AMEN!

JESUS LOVES ME THIS I KNOW FOR THE BIBLE TELLS ME SO!

THURSDAY

**THANK YOU JESUS
FOR MY FRIENDS**

PLEASE HELP ME BE NICE AND NOT MEAN TO OTHERS

HELP ME NOT TO BE A BULLY

HELP ME NOT TO LAUGH AT OTHERS BEING BULLIED

HELP ME BRAVELY SAY NO TO LAUGHING AT OTHERS

HELP ME TO SHARE WITH OTHERS

HELP ME NOT TO JUDGE OTHERS BECAUSE OF

THE COLOR OF THEIR SKIN

THANK YOU JESUS

IN JESUS NAME AMEN!

JESUS LOVES ME THIS I KNOW FOR THE BIBLE TELLS ME SO!

FRIDAY

THANK YOU JESUS I HAVE CLEAN RUNNING WATER

HELP ME REMEMBER TO BRUSH MY TEETH DAILY
HELP ME REMEMBER TO TAKE A SHOWER OR BATH
DAILY
HELP ME TO KEEP MYSELF CLEAN
HELP ME TO REMEMBER TO WASH MY HANDS
HELP ME TO DRINK PLENTY OF WATER
THANK YOU JESUS
IN JESUS NAME AMEN

JESUS LOVES ME THIS I KNOW FOR THE BIBLE TELLS ME SO!

SATURDAY

THANK YOU JESUS FOR MY FAMILY

HELP ME TO FOLLOW THE RULES
HELP ME TO BE GOOD
HELP ME TO ACCEPT IF IM TOLD NO
BLESS US WITH FUN AND LAUGHTER
THANK YOU WE HAVE FOOD TO EAT AND A PLACE TO
SLEEP
KEEP ME AND MY FAMILY SAFE
THANK YOU JESUS
IN JESUS NAME AMEN

JESUS LOVES ME THIS I KNOW FOR THE BIBLE TELLS ME SO!

FOR GOD
SO LOVED THE WORLD (THAT INCLUDES ME!)
THAT HE GAVE HIS ONE AND ONLY SON
THAT WHOSOEVER BELIEVES IN HIM
SHALL NOT PERISH
BUT HAVE ETERNAL LIFE
JOHN 3:16

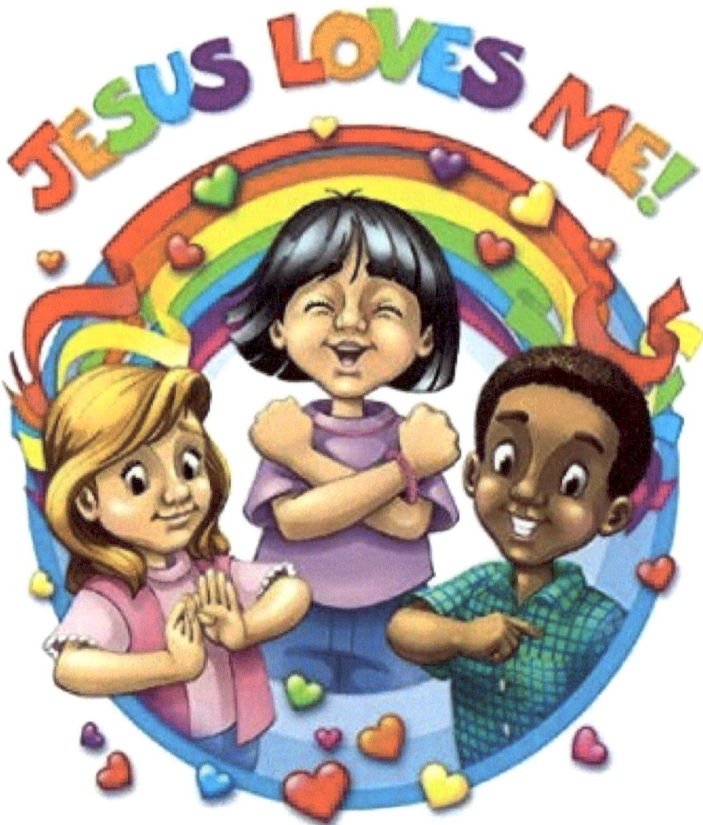

JESUS LOVES ME THIS I KNOW FOR THE BIBLE TELLS ME SO!

Below you will find space to write your own prayers to God.
You will pray to Him, and He will hear you…
Job 22:27

_____

_____

_____

_____

_____

_____

_____

_____

_____

_____

_____

_____

_____

_____

_____

_____

_____

_____

_____

_____

_____

_____

_____

_____

_____

_____

_____

_____

JESUS LOVES ME THIS I KNOW FOR THE BIBLE TELLS ME SO!

God Hears and Answers Prayer

_____
_____
_____
_____
_____
_____
_____
_____

JESUS LOVES ME THIS I KNOW FOR THE BIBLE TELLS ME SO!

JESUS LOVES ME THIS I KNOW FOR THE BIBLE TELLS ME SO!

_____

_____

_____

_____

_____

_____

_____

_____

_____

_____

_____

_____

_____

JESUS LOVES ME THIS I KNOW FOR THE BIBLE TELLS ME SO!

_____
_____
_____
_____
_____
_____
_____
_____
_____
_____
_____
_____
_____
_____
_____
_____
_____
_____
_____
_____
_____
_____
_____
_____
_____
_____
_____
_____
_____
_____
_____
_____
_____
_____
_____
_____
_____

JESUS LOVES ME THIS I KNOW FOR THE BIBLE TELLS ME SO!

Be joyful
in hope,
patient in
affliction,
faithful
in prayer.

Romans 12:12

_____
_____
_____
_____
_____
_____
_____
_____
_____
_____
_____

JESUS LOVES ME THIS I KNOW FOR THE BIBLE TELLS ME SO!

JESUS LOVES ME THIS I KNOW FOR THE BIBLE TELLS ME SO!

JESUS LOVES ME THIS I KNOW FOR THE BIBLE TELLS ME SO!

JESUS LOVES ME THIS I KNOW FOR THE BIBLE TELLS ME SO!

_____
_____
_____
_____
_____
_____
_____
_____
_____
_____
_____
_____
_____
_____
_____
_____
_____
_____
_____

JESUS LOVES ME THIS I KNOW FOR THE BIBLE TELLS ME SO!

JESUS LOVES ME THIS I KNOW FOR THE BIBLE TELLS ME SO!

JESUS LOVES ME THIS I KNOW FOR THE BIBLE TELLS ME SO!

www.ingramcontent.com/pod-product-compliance
Lightning Source LLC
Chambersburg PA
CBHW041810040426

42449CB00001B/42